SOCIÉTÉ

DE LA

MORALE CHRÉTIENNE.

I. BIENFAISANCE PUBLIQUE. — II. ENSEIGNEMENT PRIMAI

III RÉFORMES PÉNITENTIAIRES.

IV. DUEL. — V. PEINE DE MORT. — VI. CORRESPONDA

PARIS

IMPRIMERIE DE Mme Ve DONDEY-DUPRÉ,

46, rue Saint-Louis au Marais.

1851

SOCIÉTÉ

DE LA

MORALE CHRÉTIENNE.

I. BIENFAISANCE PUBLIQUE. — II. ENSEIGNEMENT PRIMAIRE.

III RÉFORMES PÉNITENTIAIRES.

IV. DUEL. — V. PEINE DE MORT. — VI. CORRESPONDANCE.

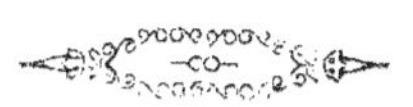

PARIS

IMPRIMERIE DE Mme Ve DONDEY-DUPRÉ,

46, rue Saint-Louis au Marais,

1851

La société de la Morale chrétienne recherche toutes les publications utiles, et rend compte de celles qui ont le plus attiré son attention.

Une des plus importantes sans doute, est le récit des phases diverses de la charité dans notre législation ancienne. Nous réndrons compte ensuite de ce qui s'est passé dans l'instruction primaire, avant le dernier changement du gouvernement, et nous rappellerons de nouveau, à propos d'une des publications que nous avons reçues, nos principes et nos sentiments à l'égard des prisonniers, ainsi qu'au sujet du duel, de la peine de mort, et du suicide.

I

BIENFAISANCE PUBLIQUE.

Pour bien apprécier les divers principes qui, depuis la promulgation de la loi évangélique, ont présidé à la distribution des secours publics, il est nécessaire de remonter, pour ainsi dire, à la source même du christianisme et aux premiers jours où la société chrétienne se constitua dans le monde. Les *Actes des apôtres* nous montrent les premiers chrétiens, vivant en commun, prenant leur repas fraternel à la même table, déposant leur argent aux pieds des chefs de la Société religieuse. Ils ne formaient tous qu'une même famille; il n'y avait point de pauvres parmi eux. Leur nombre augmentant, il fallut bientôt nommer des diacres pour présider à chaque table et recueillir les offrandes. Voilà le ministère de la charité institué.

La vie commune ne pouvait subsister longtemps en face des épreuves réservées au christianisme, et en regard même de ses immenses développements : les agapes furent interdites. Le Diacre se rendit lui-

même, et quelquefois au péril de sa vie, au chevet
du malade et dans le cachot du prisonnier, pour
apporter, de la part des frères, le pain et la con-
solation de la charité. Le voyageur reçut l'hospitalité d'église en église. Les veuves, les vierges, les
orphelins, furent placés sous la protection des évêques, devenus les pères de la communauté. Ainsi
donc s'établirent d'eux-mêmes les secours à domicile et l'adoption d'une certaine classe de délaissés.

Cette organisation, partout uniforme, fonctionnait avec ensemble et régularité ; les fidèles pauvres
étaient tous recueillis, soulagés, entretenus ; le bienfait s'étendait même aux païens, à la stupéfaction
des magistrats et des écrivains de l'époque.

Nous trouvons déjà dans la période chrétienne,
proprement dite, deux principes bons à recueillir.

Le premier, c'est que la mendicité, bien diffé-
rente de la pauvreté, n'existait pas dans ces temps
de charité primitive ; qu'elle eût été considérée
comme une honte pour la société chrétienne.

Le second principe, c'est que l'organisation la
plus naturelle et la plus efficace des secours publics,
c'est la distribution à domicile, et, comme complé-
ment, l'adoption par la Société de ceux qui, n'ayant
plus d'asile ni de famille, ne peuvent profiter de
ce bienfait ou secours ordinaire.

En embrassant le christianisme, les empereurs
sanctionnèrent d'abord de leur tolérance, et plus
tard de leurs édits, l'organisation de bienfaisance
publique créée par les évêques. Chaque église eut

ses *matricules* des pauvres. Les veuves et les vierges se réunirent en communauté, et fondèrent la vie monastique, vie de pauvreté et de fraternité. Des hospices, création de la charité privée, s'élevèrent de toutes parts pour recevoir les étrangers, les malades, les orphelins, les vieillards.

Il existait, au temps de Justinien :

Nosocomia ou hôpitaux des malades.
Orphanotrophia. — Hospices d'orphelins.
Brephotrophia. — *Idem* d'enfants exposés.
Gerontocomia. — *Idem* des vieillards.
Xenodochia. — *Idem* d'étrangers.
Ptochotrophia. — *Idem* de pauvres.

Ces maisons, appelées *vénérables*, *sacrées*, sont assimilées par le Code (*de Episcopis, clericis, orphanotrophiis*, etc.) aux églises, et leurs administrateurs étaient des diacres ou des clercs. La *Novelle* 123 maintient dans la haute administration de ces asiles les évêques, devant qui les directeurs rendront compte de leur gestion. Le législateur trace les devoirs des administrateurs, leur attribue la tutelle des enfants exposés et orphelins, indique le mode d'exécution des libéralités testamentaires, car c'était la charité privée qui soutenait ces nombreux et magnifiques établissements. L'État n'intervenait que comme protecteur.

Nous le voyons plus tard, cependant, dans un cas extraordinaire, intervenir d'une manière directe. Théodose, alarmé de la détresse d'une portion des habitants de son empire, réduits à *vendre leurs en-fants*, ordonne qu'ils soient soulagés et alimentés à l'aide des deniers publics, *per fiscum nostrum*. Il répugne à ses mœurs, à son caractère, de laisser mourir de faim des créatures humaines, ou de les laisser pousser au crime par la détresse : *Abhorret enim moribus nostris quemquam fame confici aut ad indignum facinus prorumpere concedamus*, maxime vraiment impériale et chrétienne : respect de l'individu, respect de la moralité, sollicitude préventive.

Mais, à côté de ces misères exceptionnelles qui appellent et forcent, pour ainsi dire, les généreuses allocations de l'État, existe la mendicité, cette lèpre des cités populeuses. La loi 1re, au Code *de Mendic. valid.*, demande que chaque mendiant soit visité : *Exploretur in singulis integritas corporum et annorum robur*. S'ils sont valides et jeunes, ils appartiendront, suivant leur état, soit à titre d'esclaves, soit à titre de colons perpétuels, à celui qui leur donnera du travail. La *Novelle* 80 assigne aux mendiants valides des travaux d'utilité publique, comme le soin des jardins et la confection du pain, et cela dans le but de l'utilité générale d'abord, ensuite de l'entretien physique et de l'amélioration morale du mendiant. *In quibus valeant simul laborare, simul autem ali, et segnem ita ad meliorem mutare vitam*.

En cas de refus, bannissement. Cette mesure de rigueur est parfaitement expliquée et justifiée par les paroles suivantes, qui indiquent les droits ou plutôt les devoirs de l'administration à l'égard de cette population anormale : *Parcentes autem eis, hoc facimus ne segnitiâ ad illicitos actus impellente leges eos abripiant ad pœnas.* C'est encore un acte de clémence et de sollicitude, que de soustraire ces malheureux au châtiment qu'ils ne manqueraient pas d'encourir par suite d'une dangereuse oisiveté.

Les mendiants faibles ou estropiés seront tolérés dans la ville et recommandés à la charité privée : *Læsos autem sine molestiâ* ADSCRIBENDOS *pie agere volentibus.* Le mot *adscribendos* nous indique un secours régulier ; ils seront inscrits sur les listes des administrations pieuses. Quant aux autres, ils seront interrogés et renvoyés dans leurs provinces : *Ad proprias revertentur provincias.*

Cette seconde période, que nous appellerons *période mixte*, nous montre la charité publique exercée à domicile ou dans des asiles spéciaux par les mains de la religion, sous la protection de l'État ; l'État intervenant par ses allocations dans les cas extraordinaires ; la mendicité réprimée par les lois ; les mendiants valides et vagabonds placés dans l'alternative ou d'accepter du travail ou d'être reconduits dans leurs provinces ; système de prévoyance et de douceur.

La période *féodale* mérite d'être étudiée avec soin ; une grande pensée va être mise à exécution : celle d'une protection mutuelle fortement organisée, sous la sanction du devoir et du serment, *fides*, la foi. La féodalité défrichait des landes incultes, colonisait de vastes terrains, attachait la population

au sol par des concessions perpétuelles et inaliéna-
bles, créait des devoirs personnels entre le seigneur
de la terre et ses tenanciers, et, par suite, rendait
la mendicité presque impossible, ou tout au moins
légalement impossible. D'autre part, le *bénéfice*, qui
n'était autre chose que le *fief religieux*, obligeait
celui qui en était revêtu à des devoirs de secours,
de protection, envers les pauvres ; le bénéficier devait contribuer, proportionnellement à son revenu,
à toutes les œuvres charitables intéressant la population indigente de son ressort. Ajoutez à cela les
développements matériels de la civilisation, la con-
struction des cités, des églises, des monastères, des
châteaux, appelant de tout côté les bras populaires ;
on le voit, les travaux ne manquaient point, les
secours étaient régulièrement assurés ; aussi, le
pouvoir public n'intervient guère, à l'égard de la
population mendiante, que par des actes de répression, tels que l'institution de la prévôté de l'hôtel,
des *chevauchées* des maréchaux de France, de leurs
prévôts et archers, l'institution des francs-archers
des communes, les ordres transmis aux baillis et
sénéchaux de courir sus aux vagabonds.

L'Église, de son côté, multipliait ses secours pour
les étrangers malades, les enfants exposés. Les
diacres avaient été suppléés, dans leurs fonctions,
par les *matricularii* ou *marguilliers*, ainsi nommés
dès les premiers siècles de l'Église, parce qu'ils
tenaient note des pauvres inscrits sur les *matricules*
de l'église. Des asiles spéciaux furent créés en

France, comme il en existait déjà dans les grandes villes de l'empire romain. Il se forma des hôtelleries chrétiennes pour les *pèlerins, peregrinantibus pro Christo*. L'évêque de Paris, saint Landri, fonda *l'Hôtel-Dieu* en 651, sous le titre d'*Hospitium matriculariorum, Hôpital des pauvres matriculaires*. Les lépreux et autres infortunés atteints de maladies repoussantes eurent des *léproseries et maladreries ;* les *orphelins* obtinrent leurs hôpitaux du Saint-Esprit, et les enfants trouvés conservèrent leur *couche* ou *crèche* à l'entrée des églises, où, suivant un édit de Charles VII, *il était de toute ancienneté accoutumé de quêter, en criant publiquement aux passants, pardevant le lieu où sont lesdits enfants :* FAITES BIEN A CES PAUVRES ENFANTS TROUVÉS. D'autre part, des *bourses* étaient fondées, dans les colléges, pour les pauvres écoliers ; l'accès des monastères était ouvert aux soldats invalides envoyés par le roi sous le nom *d'oblats*, et qui devaient, plusieurs siècles après, donner à Louis XIV l'idée d'une magnifique et royale institution. Saint Louis fonda l'hôpital des Quinze-Vingts pour 300 chevaliers auxquels les infidèles avaient arraché les yeux. Il soignait de ses mains royales les pauvres lépreux, et dotait largement les asiles ouverts par la religion à toutes les classes d'infortunés. Des ordres de chevalerie se vouaient à l'hospitalité des pèlerins et aux soins des malades.

Un changement important s'effectua, au quatorzième siècle, dans l'administration des hôpitaux ou

Maisons-Dieu : les ecclésiastiques qui en avaient
été pourvus par les fondateurs, avaient fini par
se considérer comme *bénéficiers ;* à ce titre, ils ap-
pliquèrent à leurs besoins personnels, à leur propre subsistance, les fonds des aumônes, ne donnant aux pauvres que le quart prélevé en leur faveur par les lois canoniques sur toutes les propriétés bénéficiales, et ne rendaient plus compte
aux évêques de leur gestion. C'est à cet abus qu'il
fut remédié par le Concile de Vienne, tenu en 1311
par le pape Clément V ; le Concile statua qu'à l'a-
venir aucun hôpital ne serait érigé en *bénéfice*, à
peine de nullité, mais que l'administration en serait confiée à des personnes prudentes et charitables, prises parmi les laïques, sous l'autorité des
ordinaires, auxquels il serait rendu compte de la
gestion.

C'était le principe de l'institution des fabriques
appliqué aux hôpitaux. Ce principe a été confirmé
par les dispositions du Concile de Trente.

En résumé, la période féodale nous montre l'É-
glise continuant sa bienfaisante mission, le gouvernement encourageant les créations touchantes
de la charité privée, mais n'intervenant avec autorité que pour réprimer les excès du vagabondage,
l'élément féodal venant en aide à la charité en as-
surant au pauvre le bienfait du travail et la mu-
tualité de secours, enfin, l'élément laïque introduit
dans l'administration des hôpitaux.

Une ère nouvelle allait commencer; le gouvernement, déjà investi par le concordat du droit de pourvoir à tous les bénéfices, allait prendre la haute direction de la charité publique; le vent était aux réformes et à l'extension du pouvoir temporel. D'autre part, le besoin d'une centralisation puissante se faisait sentir; les guerres civiles et étrangères réduisaient les populations à la plus grande détresse, les maisons de charité tombaient, la féodalité ne fonctionnait plus comme institution sociale, mais comme instrument politique; les États du royaume jetaient à Blois et à Moulins les premières bases d'une organisation administrative, et l'Église, acceptant un rôle plus humble, mais toujours dévoué, faisait éclore ses congrégations, vouées au soulagement des pauvres, dotait les hôpitaux de gardes-malades, de servantes, à défaut d'économes et de directeurs. Une révolution s'opéra donc dans le système de la charité; la haute surveillance des hôpitaux fut confiée au grand aumônier; les juges royaux, concurremment avec les évêques, furent chargés de la *visite* de ces établissements; des édits successifs imposèrent des règlements généraux; une réforme plus importante fut tentée, celle de l'abolition de la mendicité par des mesures administratives.

L'ordonnance de Henri II, de 1547, ouvre, aux indigents valides, des ateliers de travaux publics, auxquels on sera reçu sur une attestation du commissaire de quartier. Elle affecte pour les pauvres

malades et invalides sans asile ni abri, les Hôtels-
Dieu et les maisons de refuge.

Quant aux pauvres malades ayant maisons,
chambres et logement, ils seront nourris et entretenus par leurs paroisses, et des secours leur seront
fournis en leurs maisons, sur le rôle dressé par les
curés, vicaires et marguilliers.

Les paroisses pauvres seront aidées par les paroisses les plus voisines, moyennant quoi, la mendicité est interdite sous de fortes peines.

Le Gouvernement marcha plus loin dans la voie
des réformes, et aborda hardiment le principe de
la taxe.

« Voulons, dit l'édit de 1551, que chaque ma-
nant et habitant de notre ville de Paris, de quelque condition qu'il soit, qui sera refusant de payer
la taxe à laquelle il aura été, suivant son offre ou
autrement, cotisé pour la nourriture des pauvres,
soit contraint au paiement d'icelle par exécution. »

Les rôles étaient dressés par les évêques, en une
assemblée composée des bénéficiers, des magistrats
et notables. L'ordonnance des évêques était, après
examen, rendue exécutoire par le roi.

Le principe que chaque paroisse doit entretenir
ses pauvres, est confirmé par l'ordonnance rendue
à Moulins en 1566.

« Les pauvres de chaque ville, bourg et village,
» seront nourris et entretenus par ceux de la ville,
» dont ils sont natifs et habitants, sans qu'ils puis-
» sent vaguer et demander l'aumône ailleurs. A

» ces fins, seront les habitans *tenus* de contribuer
» à la nourriture desdits pauvres. »

Un édit de 1553 avait déjà pourvu au placement des enfants *orphelins*, en autorisant tous les maîtres-ouvriers et artisans à prendre un apprenti en sus du nombre fixé par les règlements, pourvu que cet apprenti fût pris parmi les enfants élevés dans les hospices, et suivant traité intervenu entre l'ouvrier et les administrateurs.

Ces principes, si nettement, si hardiment posés, eurent-ils des suites pratiques et une réalisation satisfaisante? Hélas! non. Les intrigues des cours, les guerres civiles et étrangères, la ruine des hôpitaux, enlevèrent toute application à ces vues sagement novatrices; et quand saint Vincent de Paul vint réchauffer la charité publique engourdie, il ne trouva que des ruines à relever : les pauvres mouraient de faim, les petits enfants expiraient de froid sur la neige, des provinces entières étaient livrées à la famine; une seule chose existait encore : c'était le secours à domicile, distribué par les curés et *œuvre de chaque paroisse* (les matriculaires portaient aussi le nom honorable d'*operarii*, *ouvriers*). Saint Vincent de Paul fut donc une protestation, nous dirons même une réaction de la charité privée, forte d'un élément nouveau, l'association. Le mouvement donné par saint Vincent de Paul créa des asiles pour l'enfance et même des hôpitaux généraux, dont le bienfait fut étendu par l'édit de 1662.

Ces hôpitaux généraux avaient principalement pour objet d'abolir ou de réprimer la mendicité. La déclaration du 12 décembre 1698 organise leur administration ; un bureau de direction administrait, sous la surveillance d'une assemblée de notables habitants, tenue sous la présidence de l'évêque. Le bureau se composait du plus haut officier judiciaire et du procureur du roi près le siége, du maire ou échevin, du curé et de plusieurs notables habitants élus en assemblée générale.

L'évêque avait la présidence du bureau ou s'y faisait représenter par son vicaire général.

Le bureau nommait un trésorier et deux ordonnateurs.

Vint enfin l'ordonnance de 1724, qui constitue un monument législatif digne d'intérêt et de sérieuse appréciation. Le préambule expose que la plupart des hôpitaux ont dû cesser leurs secours et congédier les pauvres, faute de fonds suffisants pour les faire subsister. — Le travail manque lui-même aux bras qui le demandent, les subsistances deviennent rares, — les peines répressives de la mendicité ne suffisent plus pour arrêter les excès des vagabonds, qui, *volant le pain des véritables pauvres*, se livrent à cette coupable industrie. Le roi s'est donc fait représenter les édits de ses prédécesseurs ; les législations étrangères ont été soigneusement étudiées, et l'on s'est arrêté au système suivant :

Conversion de toutes les aumônes privées en fonds communs d'aumône publique.

Hôpitaux ouverts aux mendiants invalides; travaux appropriés à leur âge ou à leur force. — Allocations du Trésor public assurées en cas d'insuffisance dans les revenus de ces maisons.

Mendiants valides forcés au travail dans un délai fixé. — Permission donnée à ceux d'entre eux qui allégueraient ne pouvoir en trouver, de s'engager au service du public, dans les hôpitaux généraux; les travailleurs engagés seront conduits au travail par bandes, chacune commandée par un sergent. Chaque travailleur aura droit à un sixième sur le produit du salaire; il pourra obtenir son congé, en justifiant de son aptitude ou de ses moyens d'existence.

Des peines très-graves sont infligées aux mendiants réfractaires.

Des secours de route seront donnés à ceux qui voudront retourner dans leur pays natal.

Les administrateurs d'hôpitaux correspondront entre eux et avec un bureau central établi à Paris pour la surveillance des mendiants voyageurs. Un livre général des mendiants sera ouvert.

Telles sont les mesures adoptées par la déclaration de 1724, qui est le dernier état de la législation avant 1789. Tel est l'ensemble de la période que nous appellerons *administrative*.

En résumant ces diverses périodes, nous voyons apparaître certains principes reconnus à toutes les époques, et qui ont leur raison d'existence dans les conditions mêmes de la société chrétienne. On peut les formuler ainsi :

Le gouvernement protége la charité privée, encourage ses bienfaisantes créations ; il intervient lui-même dans les cas extraordinaires et imprévus.

Toute paroisse doit nourrir ses pauvres.

Les secours à domicile forment la base essentielle de toute organisation charitable ; ils sont distribués, sous l'autorité de l'évêque, par les curés et marguilliers, sur le rôle dressé par eux.

Les pauvres malades ou invalides sont reçus dans les hospices qui sont administrés par des laïques, sous la double surveillance des évêques et de l'État.

La mendicité est réprouvée par la loi chrétienne et par la loi politique,

L'État prohibe la mendicité, en offrant du travail aux mendiants valides et en punissant les réfractaires et les vagabonds.

Tel est le système général adopté jusqu'à nos jours, tel qu'il a été retracé par M. Eissette de Nîmes.

Reste à examiner le système actuel, celui d'une bienfaisance purement laïque et séculière, la période de la charité légale.

Voici quel en est le tableau historique le plus exact et le mieux tracé :

C'est seulement vers la seconde moitié du dernier siècle que les écrivains qui à cette époque ont ré-

pandu un si grand éclat sur la littérature française,
ont eu l'incontestable mérite d'embrasser avec cha-
leur, de plaider avec éloquence les intérêts généraux de l'humanité et la cause du malheur. Ils ont
plus d'une fois signalé les abus qui s'étaient intro-
duits dans le régime des secours publics ; ils en
ont invoqué le perfectionnement. A leur voix la
société française s'émut ; l'attention générale fut
éveillée, de vives sympathies furent excitées ; l'a-
mour de l'humanité vint prêter aux lettres de nobles
inspirations ; il embellit, épura leurs succès ; il leur
dut, à son tour, de se faire comprendre et sentir,
même dans le séjour du plaisir et du luxe ; par elle,
il vint s'associer aux émotions de la scène.

Mais en s'adressant à un monde profane et léger,
empruntant les formes d'une littérature brillante et
quelquefois frivole, il s'exposa à y perdre cette
gravité simple, modeste, sérieuse, qui lui est essentielle ; il dégénéra, chez quelques personnes, en
une sorte de sensibilité incertaine et vague, où
l'imagination peut-être avait plus de part que le
cœur. La bienfaisance devint une sorte de mode,
du moins dans le langage. Plus d'un auteur exa-
géra les abus du présent et du passé ; plus d'un,
cédant à des préventions aveugles contre les institutions nées du christianisme, n'épargna pas même
dans ses accusations, celles qui étaient destinées au
soulagement de l'indigence. Une école de philoso-
phie, ou du moins une secte qui en prenait le titre,
a voulu séculariser la bienfaisance, opposer à l'em-

pire de la charité un sentiment fondé uniquement
sur les sympathies naturelles, appeler les créations
de la philanthropie, comme un auxiliaire, pour la
cause des systèmes dont elle se déclarait l'organe.
Trop souvent l'affectation de la philanthropie devint
un langage de convention, un artifice pour le succès,
un moyen de charlatanisme, et par là, la vraie philanthropie se décria aux yeux des hommes austères.

Cependant, la direction donnée à l'esprit public vers le milieu du dix-huitième siècle fit éclore
plus d'une vue utile, plus d'une entreprise honorable. Pendant une période qui vit s'affaiblir sen-
siblement la puissance des traditions religieuses,
elle put y suppléer en partie chez quelques esprits ;
elle entretint du moins un intérêt général pour les
établissements de bienfaisance. Si les motifs déri-
vèrent d'un ordre moins élevé, l'émulation du
bien se maintint ; elle s'accrut peut-être, à quelques
égards, par le contraste des opinions et par les ri-
valités qui en étaient la suite, et telle est en partie sans doute la cause qui multiplia bientôt avec
tant de fécondité les écrits publics sur ce sujet.

Les événements politiques qui, à l'époque de 1789,
en provoquant la réforme de toutes les institutions
sociales en France, firent éclore tant de vœux,
tant de projets pour les améliorations utiles, im-
primèrent aussi un nouvel essor aux travaux des
amis de l'humanité, ouvrirent de nouvelles per-
spectives à leurs espérances. Les travaux législatifs
firent concevoir des plans aussi vastes que nom-

breux, sur le régime des secours publics. Plus tard, les vicissitudes que venait d'éprouver, pendant une époque funeste, la destinée des établissements publics, excita la sollicitude des gens de bien. Les infortunes privées occasionnées en si grand nombre par les malheurs publics, ranimèrent dans les âmes, avec une nouvelle énergie, les sympathies pour les souffrances. Le réveil des sentiments religieux est venu à son tour ranimer le feu sacré de la charité. La bienfaisance particulière, en s'exerçant avec un redoublement de zèle, en donnant le jour à une foule d'associations généreuses, a secondé aussi le développement de la bienfaisance publique, en a préparé, aidé, éclairé les opérations. Le funeste divorce qui menaçait de s'introduire entre la charité religieuse et la philanthropie civile, a été prévenu par les efforts et le concert des gens de bien. Pendant que s'opéraient en France ce beau mouvement, cette heureuse régénération des études relatives aux établissements d'humanité, dont nous avons eu la jouissance d'être les témoins, les productions publiées à l'étranger, surtout celles qui étaient propres à l'Angleterre, ont commencé à pénétrer en France. Depuis 1845, ce commerce a pris une grande extension ; il a enrichi la France de documents jusqu'alors peu connus ; il a étendu la sphère de la science, il en a modifié la direction ; il a pu même égarer quelques écrivains, en les trompant par de fausses assimilations.

Ainsi s'explique le défaut d'unité qu'on remarque dans les productions successives qui ont été publiées en France sur les établissements d'humanité.

Bientôt s'ouvrit cette Assemblée Constituante, où l'on vit tant de généreux caractères, et où brillèrent tant de lumières et de talents. Appelée à l'auguste mission de régénérer les institutions sociales, elle promettait de consacrer tous les droits, de satisfaire à tous les intérêts de l'humanité. Les droits et les intérêts du malheur occupèrent ses premières pensées : elle forma dans son sein un comité spécialement chargé de lui présenter un système entier de secours publics.

Organe de ce comité, le duc de la Rochefoucauld-Liancourt, par les rapports qu'il a présentés, et auxquels lui-même a pris la part principale, s'est acquis l'une des gloires les plus pures et les plus douces dont il soit accordé à l'homme de jouir.

Cet immense travail a été suivi, pendant plusieurs années, par les hommes distingués auxquels il avait été confié, avec autant de zèle et de sagacité que de persévérance. Placé dans la situation la plus favorable pour rassembler des renseignements authentiques, le comité de mendicité de l'Assemblée Constituante s'est livré à une exploration complète de l'état des pauvres et du régime des secours publics sur la surface entière de la France; il a tracé l'histoire de notre législation sur cette matière, signalé les abus de l'ancienne administration, constaté la situation présente des choses, comparé sous plusieurs aspects cette situation avec celle de l'Angleterre. Ces recherches forment la partie expérimentale de son travail. Dans sa partie théorique, le comité a exposé des principes sur les droits des pauvres, sur les obligations de la société à leur égard, sur la distinction des vrais et des mauvais pauvres, sur l'étendue et la limite de l'assistance qui leur est due, sur la répression de la mendicité ; il a essayé de fonder, pour nous servir de son expression, « les bases constitutionnelles du système général de législation et d'administration des secours publics. » Ce système méthodique est parfaitement coordonné dans son ensemble, embrasse toutes les branches de la bienfaisance, trace à chacune des règles, en calcule les moyens, en combine les plans. S'étudiant à leur imprimer ce caractère d'unité, d'harmonie, d'uniformité que l'Assemblée Constituante réalisait alors avec tant de grandeur dans une partie de nos institutions sociales, le comité proposait de ramener l'administration des secours publics à un centre unique, d'en former un établissement national. Le système entier reposait sur ce principe, que le soulagement de l'indigence est un devoir de la société, et que ce devoir est rigoureux et absolu. Tel qu'il avait été conçu et présenté par le comité, il était à peu près inexécutable, à raison de sa grandeur même, ainsi que l'expérience l'a bien prouvé : il ne constitue pas moins le monument le plus majestueux que le patriotisme, la philanthropie et les lumières aient élevé parmi nous

à la science qui préside aux établissements d'humanité.

Depuis cette époque, et surtout depuis le commencement de ce siècle, les études relatives aux
établissements d'humanité ont pris un caractère essentiellement administratif; elles ont surtout occupé les fonctionnaires chargés d'en diriger l'exécution; elles se sont présentées sous un point de
vue pratique; on s'est principalement attaché à y
porter l'ordre et l'économie, et à en améliorer le
régime intérieur. Le haut développement qu'a pris
pendant cette période l'administration française,
la forme hiérarchique qu'elle a reçue, la centralisation qui en a ramené tous les ressorts à un mouvement harmonieux, ont favorisé cette tendance
des études, les ont rendues plus faciles et plus fruc-
tueuses. Les institutions dont la France jouit depuis la même époque, appelant l'élite de ses citoyens à la gestion des affaires publiques, dans les
divers conseils qui concourent, soit à l'administration locale, soit aux opérations législatives, il est
arrivé de là que les hommes les plus distingués
par leur mérite et leurs connaissances en sont devenus les collaborateurs naturels; chacun d'eux,
en silence, a porté son tribut à l'œuvre commune;
chacun d'eux en a goûté les fruits. C'est là, sans
doute, un résultat positif et réel qui a aussi son
prix : il a exercé une salutaire influence sur l'opinion publique.

Mais, on ne peut se le dissimuler, du nombre et

surtout de la variété des travaux qui ont vu le jour
est résultée une divergence d'opinions, une con-
trariété de systèmes, qui jettent de la confusion
dans quelques esprits, qui font éprouver à quelques autres le découragement du scepticisme. L'art
de la bienfaisance qui, au premier coup d'œil, paraît si simple dans ses principes, si facile dans ses
applications, a fait surgir les problèmes les plus
compliqués. A mesure qu'on est remonté aux premiers principes, les problèmes sont devenus toujours plus ardus. Les dissentiments religieux, les
opinions politiques s'en sont emparés, et par là, en
les détournant trop souvent du vrai but, en ont
encore accru la gravité. Les fondements de l'organisation sociale ont été mis eux-mêmes en question
à ce sujet ; la guerre du pauvre contre le riche a
pu, en quelques moments, paraître imminente ;
les manifestes qui l'annonçaient ont accru, avec
l'agitation des esprits, l'importance naturelle que
ces études ont, par elles-mêmes, aux yeux des amis
de l'humanité.

Une angoisse douloureuse s'est fait sentir à l'âme
des gens de bien ; un sombre nuage a semblé
s'élever dans l'horizon et porter dans son sein de
terribles orages. On a cru voir le fléau du paupérisme se répandre sur la société humaine, la me-
nacer de ses ravages. On s'est demandé, d'un côté,
si la pratique de la bienfaisance ne concourt pas à
aggraver ce fléau par l'abondance de ses libéralités
elles-mêmes, et ne devient pas une grande erreur

quand elle croit être un secours. On s'est demandé,
d'un autre côté, si des théories qui engendrent un
semblable doute ne se condamnent pas comme de
vaines et dangereuses abstractions ; si la bienfaisance a besoin de règles ; si elle doit avoir d'autres
guides que les saintes inspirations qui lui sont
propres.

L'existence même de la science a été ainsi mise
en question. Son but n'a pas été moins contro-
versé. Les uns, consacrant les droits du pauvre
comme un titre absolu à l'assistance publique, ont
imposé à la société l'obligation de cette assistance
comme une dette. Les autres ont accusé la charité
légale d'être la cause du paupérisme et la destruc-
tion de la charité réelle. Ceux-ci ont vu l'origine
de l'indigence dans des circonstances purement
matérielles, dans l'excès de la population, dans la
rareté des subsistances, dans la disproportion entre
les salaires et le prix des objets de consommation,
dans l'inégalité des fortunes, dans les grandes entreprises de l'industrie. Ceux-là l'ont vue dans
l'organisation sociale elle-même, dans les vices de
la législation générale. D'autres l'ont découverte
dans des influences morales. On s'est divisé sur le
choix des remèdes comme sur le caractère des
causes. Il en est qui ont révoqué en doute l'utilité
des établissements publics, qui ont contesté la
compétence du gouvernement civil dans les choses
de la bienfaisance ; il en est qui ont voulu subor-
donner l'existence de la bienfaisance aux lois de

police, et qui n'y ont considéré qu'une branche de dispensations administratives; il en est qui ont au contraire exclusivement célébré le mérite des associations libres. On n'a pas moins différé sur la forme, la mesure, les limites des secours publics; sur le rapport qu'ils doivent avoir avec les aumônes individuelles. Tantôt on a réclamé la prééminence pour les institutions préventives; tantôt on a cru qu'il suffisait d'encourager le travail. Les mesures de contrainte ont été tour à tour jugées nécessaires et sévèrement blâmées. Quelques-uns ont voulu fermer l'accès des asiles hospitaliers; d'autres ont voulu l'ouvrir sans réserve. En partant de points de vue si divers, les systèmes, les plans se sont multipliés à l'infini; le public, à ce spectacle, s'est trouvé plongé dans de pénibles incertitudes; les amis du bien, plus d'une fois, ont pu éprouver de cruelles anxiétés. Il est temps d'y mettre un terme, s'il se peut; et pourquoi ne pas l'espérer? Des controverses elles-mêmes doit résulter le triomphe de la vérité.

Le bien-être de la classe laborieuse de la société est pour l'humanité un intérêt immense. Découvrir les moyens d'accroître ce bien-être, d'affranchir cette classe intéressante des maux qui la menacent, et de soulager du moins ses souffrances lorsqu'elles sont inévitables, est le vœu le plus ardent de toutes les âmes généreuses.

Telles ont été les nobles et touchantes paroles de M. Degérando.

On voit que c'est bien avant 1848 que l'on ex-
primait les sentiments les plus philanthropiques, et
que l'esprit le plus charitable se montrait sans
cesse le défenseur de tous les êtres souffrants ou
malheureux.

II

ENSEIGNEMENT PRIMAIRE.

Il faut dire d'abord en deux mots que c'est à l'Empire qu'on a dû le rétablissement de l'instruction publique à l'époque où il relevait en France, dans toute l'administration, un système d'ordre et de sécurité publique. Il a recréé l'Université, mais il est vrai aussi qu'il a peu fait pour l'enseignement primaire.

Aussi, quand la Restauration arriva, on conserva longtemps sans y rien changer cette partie de l'instruction publique, telle qu'elle était exercée. Ce ne fut qu'après dix années qu'on osa l'attaquer. On profita de ce qu'à côté d'un vieux roi malade et presque mourant, un héritier du trône très-pieux s'annonçait dans des vues profondément religieuses, pour s'élever contre l'Université qui était vivement accusée de philosophisme et souvent même d'impiété ou du moins d'irréligion, et qui faisait alors, comme l'a dit M. de Salvandy, grandement ombrage au pouvoir, comme aux opinions et aux influences régnantes. De toutes parts on signalait dans la diffusion des lumières, non une garantie d'ordre et de stabilité, mais un dangereux affranchissement de l'esprit humain.

Avant d'entrer dans ce que j'ai à citer au sujet de l'enseignement primaire, je dois me permettre une digression, afin de prouver ce que je viens d'avancer. Oui, dès le commencement de la Restauration, il y eut une opposition religieuse aux progrès des institutions constitutionnelles, et l'on regardait comme antimonarchiques ce que l'on nommait les opinions libérales.

La première attaque religieuse fut dirigée contre la Charte, qui proclamait la liberté des cultes, et cette opposition fut assez puissante pour faire intervenir le Pape, et Louis XVIII fut obligé de lui répondre. Mais le roi avait donné la Charte avec franchise et avec conviction ; non-seulement il en observa toujours les dispositions, mais il en suivit constamment les principes. Il répondit donc au Pape par une déclaration qui maintint la liberté des cultes en même temps qu'elle affermit le respect aux dogmes religieux.

Je ne crois pas qu'elle ait été publiée, et en tous cas elle est assez importante, en constatant les bases de nos relations légales avec l'autorité religieuse, pour que je la rappelle ici.

Déclaration faite par M. l'Ambassadeur extraordinaire de Sa Majesté Très-Chrétienne.

Sa Majesté Très-Chrétienne ayant appris avec une peine extrême que quelques articles de la Charte constitutionnelle qu'elle a donnée à ses peuples ont paru à Sa Sainteté contraires aux lois de l'Église et aux sentiments religieux qu'elle n'a jamais cessé de professer ; pénétrée du regret que lui fait éprouver une telle interprétation, et voulant lever toute difficulté à cet égard, a chargé le soussigné d'expliquer ses intentions à Sa Sainteté, et de lui protester en son nom, avec les sentiments qui appartiennent au Fils aîné de l'Église, qu'après avoir déclaré la religion catholique, apostolique et romaine, la religion de l'État, elle a dû assurer à tous ceux de ses sujets qui professent les autres cultes qu'elle a trouvés établis en France, le libre exercice de leur religion, et le leur a, en conséquence, garanti par la Charte, et par le serment que S. M. y a prêté. Mais ce serment ne saurait porter aucune atteinte ni aux dogmes ni aux lois de l'Église, le soussigné étant autorisé à déclarer qu'il n'est relatif qu'à ce qui concerne l'ordre civil. Tel est l'engagement que le roi a pris et qu'il doit maintenir ; tel est celui que contractent ses sujets en prêtant serment d'obéissance à la Charte et aux lois du royaume, sans que jamais ils puissent être obligés par cet acte à rien qui soit contraire aux lois de Dieu et de l'Église.

Le soussigné adressant la présente déclaration à son éminence le cardinal secrétaire d'État, conformément aux ordres qu'il a reçus du roi son maître, a l'honneur de le prier de vouloir bien la mettre sous les yeux du Saint-Père. Il ose espérer qu'elle aura pour effet de dissiper entièrement toute autre interprétation, et par là de coopérer au succès des vues salutaires de Sa Sainteté, en affermissant le repos de l'Église en France.

Le soussigné a l'honneur de renouveler à son éminence le cardinal secrétaire d'État l'assurance de sa très-haute considération.

Rome, ce 15 juillet 1817.

BLACAS D'AULPS.

Toutefois le clergé, sous la Restauration, fut constamment ennemi de l'Université. On a dit qu'il cherchait toujours à renverser ce qu'il ne dominait pas. Je ne sais si c'est la conviction de la vérité de cette assertion qui a engagé le gouvernement actuel à faire entrer le clergé dans l'Université, et si la pensée de les unir dans l'exercice de l'autorité produira la réconciliation ou une lutte nouvelle, et affermira une institution indépendante ou une institution dominée.

Quoi qu'il en soit, les premières études du peuple éprouvèrent sous la Restauration une véritable révolution.

« L'instruction primaire fut retirée à l'Université par l'ordonnance du 8 avril 1824, et mise dans les mains de l'épiscopat ; dès lors, plus d'unité de vues et d'enseignement, plus de règles uniformes, plus d'encouragements : pendant les quatre années que dura cet état de choses, l'instruction primaire non-seulement ne prit aucun développement, mais elle rétrograda d'une manière marquée. Les méthodes nouvelles qui commençaient à se propager furent partout proscrites ou dédaignées, et les instituteurs les plus habiles s'éloignèrent de l'enseignement. Sept cents écoles d'enseignement mutuel, élevées à grand'peine par les soins de quelques administrations municipales ou soutenues en partie par la Société élémentaire, furent supprimées et disparurent.

» Ce ne fut qu'en 1828, sous le ministère de M. de Vatimesnil, que l'Université reprit la direction de l'instruction primaire. Une ordonnance royale du 21 avril 1828 lui rendit la surveillance de cet enseignement. Alors on vit les comités se réorganiser partout ; on y appela les hommes qui se faisaient remarquer par leur zèle et leur amour du bien public. Le gouvernement reconnut qu'il n'avait rien à craindre de la diffusion des lumières ; il encouragea quelques sociétés d'utilité publique qui se donnaient la généreuse mission de propager les bonnes méthodes d'enseignement ; en un mot, il s'efforça de seconder, au lieu de le comprimer, l'élan du peuple vers les pacifiques conquêtes de l'intelligence. »

Mais l'Empire, je le répète, n'avait pas agi ainsi.

Il n'avait jamais voulu étendre l'instruction ; il
ne pensait pas que le peuple dût prendre une plus
grande part au mouvement intellectuel. Fidèle à
ses constantes préoccupations, il croyait faire assez
pour le peuple. Lire, écrire et chiffrer paraissait
alors un savoir en rapport avec la destination du
plus grand nombre. La Restauration, qui fit, ainsi
que nous l'avons déjà dit, quelques efforts pour
propager cet enseignement, n'en fit aucun pour
en élever le niveau. A cet égard, l'initiative appartient tout entière au gouvernement de 1830. La
loi du 28 juin 1833, qui suffirait à elle seule pour
honorer un règne et illustrer le ministre, M. Gui-
zot, qui a si fermement et si vivement pourvu à
son exécution, rendit obligatoire dans les écoles
élémentaires l'instruction morale et religieuse, la
lecture, l'écriture, les éléments de la langue française et du calcul, le système légal des poids et mesures. Elle a voulu, en donnant ces connaissances
à tous, que tous fussent mis en état de s'élever par
l'étude, et qu'aucune bonne organisation ne de-
meurât stérile faute de culture. Ce n'était pas assez
encore : la loi a entendu combler une lacune qui
se faisait remarquer dans notre système général
d'éducation, et donner à la partie de la population
qui se voue à l'exercice des professions industrielles
les moyens de se présenter dans ces carrières avec
une instruction spéciale qui assurât à chacun des
chances de prospérité. Elle a créé l'instruction
primaire supérieure, qui comprend nécessaire-

ment, outre l'instruction primaire élémentaire,
les éléments de la géométrie et ses applications
usuelles, spécialement le dessin linéaire et l'arpentage, des notions des sciences physiques et de
l'histoire naturelle applicables aux usages de la
vie, le chant, les éléments de l'histoire et de la
géographie, et surtout de l'histoire et de la géographie de la France. Enfin, comme il était impossible de rendre obligatoires pour tous quelques connaissances spéciales et variées qui sont indispensa-
bles pour quelques-uns, la loi a permis de donner
partout à l'instruction primaire les développements
qui seraient jugés convenables, selon les besoins
et les ressources des localités. Loin d'imiter l'Empire, qui, après avoir fixé, ainsi que nous l'avons
dit plus haut, les matières de l'enseignement dans
les écoles primaires, enjoint, par l'article 192 du
décret du 15 novembre 1811, aux autorités com-
pétentes, de veiller à ce que les maîtres ne portent
pas leur enseignement au delà de ces limites, le
gouvernement de 1830 a tenu à honneur d'élever
le niveau des études, mais avec cette sage réserve
qui assure le progrès et prévient les déceptions.
Ainsi les instructions et les recommandations de
l'autorité ont toujours eu pour but de mettre la
population en jouissance de toutes les ressources
d'enseignement propres à développer et à améliorer leur bien-être. Dans les communes où la mé-
canique et la teinture sont les principaux mobiles
de l'industrie, on a développé et approprié à ces

besoins les éléments du dessin linéaire, de la géométrie appliquée, et les notions des sciences physiques. On a voulu que les innombrables ouvriers
employés dans ces entreprises industrielles ne fussent plus réduits, comme ils l'étaient autrefois, au
rôle de pure machine. Chacun de ceux qui ont été
élevés dans les écoles, depuis 1833, a été mis en
état de comprendre théoriquement ce que la pratique lui enseigne. S'il a profité de son séjour à
l'école, il connaît la valeur des forces, il sait les
moyens de les multiplier ; il apprécie les procédés
chimiques applicables à l'industrie à laquelle il
coopère, il en assure le perfectionnement, il en
évite les dangers ; en un mot, rien de ce que son
intelligence peut produire n'est perdu, ni pour
lui-même, ni pour le pays. Dans les communes
rurales, où la population se livre exclusivement à
l'agriculture, on a appliqué l'étude des notions
d'histoire naturelle à l'agronomie ; les notions des
sciences physiques ont été bornées à l'explication
des principaux phénomènes de la nature, dont la
connaissance est si utile aux travaux des champs,
et on a appliqué le dessin linéaire à la représenta-
tion des machines les plus simples, mais surtout à
l'arpentage, afin que désormais chacun pût faire
par lui-même les opérations nécessaires pour la
délimitation des propriétés et la facilité des par-
tages ou des transactions.

Ces efforts de l'administration n'ont pas été in-
fructueux. On doit cependant reconnaître que

l'enseignement primaire supérieur n'a pas été compris partout dans les familles comme il le sera sans doute un jour. En cette matière, le gouvernement a devancé le vœu des populations. Aussi les a-t-il souvent trouvées indifférentes et quelquefois contraires à la propagation d'un enseignement d'une utilité si pratique qu'elle devait paraître évidente. Le ministre qui dirigeait l'instruction publique en 1840, M. Cousin, se préoccupa très-vivement de l'enseignement primaire supérieur. Reconnaissant que le titre d'école primaire, donné à ces établissements par la loi, était souvent un obstacle à ce qu'ils fussent compris et appréciés, il autorisa partout les recteurs à admettre d'autres dénominations : ici les écoles primaires supérieures pouvaient être intitulées écoles industrielles, écoles commerciales ; là elles prenaient le titre d'écoles préparatoires aux professions industrielles, etc. Il imprima à cette partie de l'administration une nouvelle et plus vive impulsion ; il excita le zèle des administrations municipales, leur proposa des programmes d'enseignement appropriés aux besoins des localités, et obtint ainsi l'établissement d'un assez grand nombre d'écoles qui depuis ont prospéré, et qui rendaient en 1848 les plus utiles services dans 327 communes.

Enfin, on a introduit dans tous les grands centres l'étude du chant, cette source si abondante de jouissances honnêtes, qui élèvent l'âme en l'initiant aux plus nobles pensées, aux plus glorieux

sentiments. Tout Paris a pu assister à ces admira-
bles·réunions que d'augustes spectateurs ont si
souvent encouragées de leur présence. Chacun a
pu voir avec un vif intérêt ces jeunes hommes, livrés par le sort à des travaux si divers, enchaînés
par les nécessités de la vie à de si dures obligations, consacrer en commun les heures de repos à
l'étude de la musique, et se faire de nobles loisirs
à l'époque de la vie où trop souvent la classe ou-
vrière se livre à ces grossières dissipations qui engendrent le vice quand elles ne mènent pas au
crime. Qui ne s'est pas retiré en bénissant inté-
rieurement le règne où l'amélioration des mœurs
publiques se manifestait d'une manière si tou-
chante? Le gouvernement, admirablement secondé, il faut le dire, par les administrations municipales, n'avait rien négligé pour propager dans
la classe à laquelle ils étaient autrefois étrangers
un goût si pur et des délassements si honorables.
Le ministre de l'instruction publique a chargé une
commission de rechercher et d'extraire des ouvrages les plus distingués des morceaux de poésie destinés à graver dans la mémoire des générations
qui s'élèvent des pensées fortes et justes, des sentiments nobles et patriotiques. Il a appelé enfin tous
les compositeurs à concourir par leurs travaux à
cette œuvre si méritoire. Son appel a été entendu,
et les compositions couronnées sur la proposition
d'un jury qui rassemblait toutes les illustrations de
la science ont été mises entre les mains des en-

fants, chez qui elles perpétueront, par le double attrait de la poésie et de la musique, le sentiment du beau, qui est inséparable de tous les sentiments honnêtes. C'est ainsi que le gouvernement remplaçait, dans les habitudes populaires, les chants grossiers qui trop souvent démoralisent les ateliers, conquête dont tous, vainqueurs et vaincus, auront à se louer, car elle tournera à leur profit et à la gloire de la France.

C'eût été peu d'avoir organisé ainsi l'enseignement, si ces améliorations n'avaient dû profiter qu'à un petit nombre. Ce qu'il fallait surtout, c'était multiplier le nombre des écoles et y amener les enfants. Deux obstacles s'opposaient à ce double résultat : d'une part, la pauvreté d'un trop grand nombre de communes, et, de l'autre, l'indifférence, quelquefois même la répugnance des familles pour l'instruction. La loi du 28 juin 1833 a heureusement triomphé du premier ; les efforts de l'administration ont triomphé du second. En décidant que toutes les communes devront avoir une école primaire élémentaire, la loi leur a donné les moyens d'y pourvoir. Elle les autorise à se réunir à d'autres communes, lorsqu'elles ne peuvent entretenir une école à elles seules, et elle ne leur impose, à cet effet, qu'un sacrifice pécuniaire proportionné à leurs revenus ; elle charge enfin les départements et l'État de compléter, lorsqu'il y a lieu, leurs ressources.

En 1830, on comptait 27,365 écoles publiques

et privées, fréquentées par 969,340 jeunes garçons. En 1840, le nombre des écoles était déjà de
39,460, dont 30,785 écoles communales, fréquentées par 2,051,369 élèves garçons. En 1843, on
a constaté que le nombre des écoles s'élevait à
42,551, dont 34,890 écoles communales, et le
nombre des élèves garçons à 2,149,672. Les efforts
du gouvernement et des administrations municipales ne se sont pas ralentis, et avant 1848, il
avait été créé 1,063 nouvelles écoles communales.
Le total était de 43,614 écoles fréquentées par
2,176,079 élèves, c'est-à-dire par 1,206,739 jeunes
garçons de plus que sous l'empire.

Ce simple exposé suffit, sans contredit, pour
montrer combien les efforts de l'administration ont
été heureux. Mais le gouvernement ne s'est pas
uniquement préoccupé du soin de multiplier les
écoles et de les approprier aux ressources des localités ; il a voulu qu'elles fussent partout en rapport
avec les besoins religieux des populations. Fidèle
à l'esprit de nos institutions et au principe posé
dans la loi relativement à la liberté das familles,
quant à la participation de leurs enfants à l'instruction religieuse, l'Université n'a pu cependant penser un moment que l'article 2 de la loi du 28 juin
1833, qui garantit cette liberté, admît que des enfants n'appartinssent à aucun culte et ne reçussent,
par conséquent, aucune instruction religieuse. Elle
a exigé que tous reçussent dans les écoles l'instruction religieuse prescrite par le culte de leurs fa-

milles ; et les précautions les plus sages ont été prises pour que les intérêts de la minorité ne fussent jamais sacrifiés. Ainsi la circulaire du 12 novembre 1835 a recommandé à **MM.** les recteurs d'avoir soin, dans toutes les écoles primaires où se rencontreront des enfants, quelque petit qu'en soit le nombre, qui professent un culte différent de celui de l'instituteur et de la majorité des élèves :

1° Que, dans aucun cas, ils ne soient contraints de participer à l'enseignement religieux de leurs condisciples ; 2° que les parents de ces enfants soient toujours admis et invités à leur faire donner, par un ministre de la religion ou par un laïque régulièrement désigné à cet effet, l'instruction religieuse qui leur convient ; 3° qu'aux jours et heures de la semaine déterminés par le ministre ou les parents, d'accord avec le comité de surveillance, ces enfants soient conduits de l'école au temple ou dans tout autre édifice religieux, afin d'y assister aux instructions et aux actes du culte dans lequel ils sont élevés.

Enfin, l'article 9 de la loi du 28 juin 1833, qui permet, selon les circonstances locales, au ministre de l'instruction publique, d'autoriser, à titre d'école communale, des écoles plus particulièrement affectées à l'un des cultes reconnus par l'État, a reçu sa pleine et entière exécution. Il ne faut pas perdre ici de vue que les communes ne sont pas tenues d'affecter à l'entretien d'une ou de plusieurs écoles au delà de trois centimes additionnels au principal des quatre contributions directes; que ces centimes sont insuffisants dans un grand nombre de communes, et que l'État, obligé alors de compléter jusqu'à concurrence d'une somme de 200 fr. le traitement des instituteurs communaux, consacrait annuellement à cette dépense plus de 800,000 francs. Or il s'est rencontré assez souvent des communes qui ne pouvaient entretenir par elles-mêmes une seule école, et dans lesquelles la population appartenant à des cultes différents réclamait une école spéciale pour chaque culte. Lorsque la nécessité de cette école spéciale a été reconnue, rien n'a pu en arrêter la création, ni la dépense, qui retombe, dans ce cas, à la charge du département et de l'État, ni l'opposition illibérale du conseil municipal, qui, par l'effet de l'élection, se trouve souvent composé en majorité d'hommes appartenant à la même religion. Le ministre de l'instruction publique, tout en désirant que des enfants dont les familles ne sont pas liées par les mêmes croyances religieuses prennent, dans la fréquentation des mêmes écoles, des habitudes de bienveillance réciproque, n'a jamais fermé l'oreille aux justes réclamations des minorités, et il n'a cessé de recommander aux recteurs de veiller à ce que les écoles ainsi créées reçussent la même protection et les mêmes bienfaits que les autres; à ce qu'il leur fût donné toutes les facilités désirables pour que l'instruction religieuse y fût régulièrement organisée, et pour qu'elles pussent être visitées et inspectées par des personnes de la croyance religieuse à laquelle elles appartiennent.

C'est ainsi que, depuis 1830, il avait été établi 708 écoles spécialement affectées au culte protestant, et 33 spécialement affectées au culte israélite. Chaque culte reconnu par l'État, indépendamment des écoles ordinaires qui lui étaient ouvertes, avait des écoles spéciales, proportionnées au chiffre de la population agglomérée par qui il était représenté, savoir : le culte protestant, 884 écoles de garçons, sur lesquelles il y avait 719 écoles communales, et 306 écoles de filles, sur lesquelles 90 écoles communales : en tout 1,190 ; et le culte israélite, 95 écoles de garçons, sur lesquelles 31 écoles communales, et 13 écoles de filles, sur lesquelles 6 écoles communales : en tout 108 écoles.

En résumé, le grand principe de liberté religieuse proclamé par la Charte a été maintenu avec fermeté par le gouvernement, malgré les excitations en sens divers qui ne lui ont pas manqué, et sous tous les ministres qui se sont succédé, à quelque culte qu'ils appartinssent eux-mêmes. Aucune réclamation ne s'est élevée à aucune époque, et l'on peut dire que, sous ce rapport, le gouvernement de 1830 est parvenu à satisfaire à toutes les exigences ; qu'il s'est bien gardé de laisser périr la foi religieuse dans les écoles ; qu'il a, au contraire, veillé avec le plus grand soin à ce qu'elle se conservât et se perpétuât par les enfants dans les familles ; mais qu'il n'a rien négligé en même temps

pour que la liberté des consciences fût partout res-
pectée et honorée.

Tel a été l'état de l'enseignement primaire sous
le précédent gouvernement, ainsi qu'il a été constaté par M. de Salvandy. Qu'a-t-on fait depuis
1848, dans l'intérêt de l'enseignement primaire?
Je ne veux pas en faire la recherche ni en retracer
l'histoire, parce que je désire en ce moment éviter
de mêler la politique aux pensées d'amélioration
sociale.

Je dirai seulement que le seul changement remarquable et considérable a été l'élévation du traitement fixe des instituteurs, qui aujourd'hui ont
leur sort assuré, et qui ne dépendent plus des pères
de famille, ni des autorités de la commune, ni du
curé. Cet état de choses n'est pas assez ancien pour
qu'on puisse en avoir éprouvé et reconnu les conséquences.

Il est certain seulement que, par cette mesure,
on a cru généralement avoir suffisamment pourvu
aux besoins de l'instruction publique, et on a fait
peu d'attention aux progrès qui ont été proposés.

Il en est un pourtant sur lequel je désire appeler l'attention des hommes de bien. C'est à peine
si l'on se souvient que, l'an dernier, M. le Président de la République a mis à la disposition de
vingt instituteurs la somme nécessaire à la location,
par chacun d'eux, de 2 hectares de terre propres
à la culture, et destinés à être exploités, sous leur
surveillance, par les enfants qui fréquentent leurs

écoles. Son but a été de faire essayer un enseignement qui doit employer la moitié de la journée à
l'étude, et l'autre moitié au travail manuel.

En Suisse, où cette combinaison est pratiquée
depuis longtemps, ces écoles, réservées d'abord aux
enfants pauvres, ont été bientôt fréquentées par des
enfants riches, dont les parents disaient avec raison : « Là, nos enfants apprennent à se suffire à
eux-mêmes, et on ne sait pas ce qui peut arriver. »

En France aussi, on a reconnu, dit-on, partout
où ce système a été essayé, qu'il avait pour résultat
de raffermir la santé des enfants, de développer
leurs forces, et de produire sur eux tous les bienfaits qu'on pourrait espérer de la gymnastique la
mieux calculée.

Parmi les établissements qui ont pratiqué ce
mode, on doit citer la ferme-école du département
de la Somme ; et son directeur, M. de Rainneville,
a clairement exposé les avantages de cette association du travail agricole à l'enseignement :

« Les bras manquent, a-t-il dit, à l'agriculture
dans un grand nombre de localités ; le sarclage des
céréales est devenu presque impossible dans beaucoup de contrées, dans le département de la Somme,
par exemple. La plus-value d'une récolte de grains
soigneusement sarclée sur une récolte qui ne l'a
pas été est d'un cinquième du produit brut : pourquoi ne pas y employer les enfants des écoles admis
à titre gratuit ?

» Il y aurait utilité pour eux, indépendamment

du profit qu'on y trouverait pour l'école et pour la société ; leur santé gagnerait beaucoup s'ils étaient conduits pendant trois heures, lorsqu'il fait beau temps, sur des champs cultivés, pour y pratiquer des sarclages et des binages ; ils seraient employés l'hiver au ramassage des cailloux pour les routes et au défoncement à la pelle, qui offre les profits de la culture la plus avancée, quoiqu'elle soit la plus simple. En outre, l'intelligence d'un enfant que l'on occupe à des travaux légers sur la terre se développe d'une manière fort remarquable, et une heure d'école, au retour du travail extérieur, leur profite plus que trois ou quatre heures d'études dans le système actuel. Il y a donc bénéfice pour la santé et pour l'instruction ; il y a, enfin, bénéfice incontestable pour les mœurs, et réforme des vices qui épuisent l'enfance, par le seul fait de la fatigue que produit le travail. »

Aussi M. Jubé de la Pérelle, chef de bureau au ministère de l'instruction publique, a-t-il considéré ce projet, dans un article des *Annales de la Charité*, sous un autre point de vue : « Ce travail manuel, dit-il, peut être apprécié en chiffres. Ainsi, il y a ici bénéfice d'éducation physique, morale et intellectuelle ; de plus, bénéfice pécuniaire, représenté, pour chacun de nous, par l'abolition de tout ou partie des impositions nécessaires aux dépenses de l'instruction primaire : tout cela peut être obtenu en rendant joyeuse et satisfaite toute cette génération d'enfants qui, retenus aujourd'hui par une discipline sévère, condamnés au silence, chaque jour, pendant plusieurs heures, souffrent, s'étiolent, et deviennent, plus tard, une race maladive, réclamant dans la suite, de tout le monde encore, de nouveaux sacrifices, et bien plus considérables, qui sont inscrits aux budgets des hospices et des hôpitaux.

» Aussi, a-t-il ajouté avec raison, c'est une bonne pensée dont on doit savoir gré à M. le Président de la République. »

RÉFORMES PÉNITENTIAIRES.

Il a paru un écrit de M. Fourcault sur les réformes que l'on se propose d'ajouter encore à celles que l'on a introduites dans les prisons, ainsi que dans les hôpitaux et les hospices.

Mais il n'est pas de ceux qui publient des ouvrages pour plaire à un ministre ou flatter l'opinion du gouvernement. Il veut le bien ; il est dirigé par ses sentiments, et ils sont nobles et vraiment philanthropiques.

« Déjà, dit-il, j'ai démontré dans divers mémoires la nécessité de cette réforme, sous le rapport hygiénique et moral, dans l'intérêt de la société et des condamnés à des peines de longue durée ; il m'a été facile d'établir que le système de l'encellulement adopté par l'école de Pensylvanie a pour effet de porter une atteinte grave à la constitution physique des prisonniers, sans exercer sur eux une action moralisatrice suffisante ; que souvent cette action est nulle chez un grand nombre de reclus, par suite des rigueurs mêmes de l'emprisonnement, par l'uniformité de la peine, par l'irrésistible ascendant de l'habitude.

» Soumis, en effet, à la torture morale de l'emprisonnement solitaire prolongé, le prisonnier n'a aucun intérêt à s'amender. Couché sur un véritable lit de Procuste, sa fatale destinée doit s'accomplir ; et, après avoir expié ses crimes dans la solitude, il est rejeté dans une société qui le repousse avec mépris, avec crainte, avec horreur, et dont il doit rester l'ennemi le plus dangereux. Tel est l'effet de la réclusion cellulaire permanente. En ôtant l'espérance aux reclus, en les dégradant dans leur double nature, on déprime temporairement leurs mauvais instincts ; mais, dans les étreintes du plus dur esclavage, on ne saurait élever le niveau de leurs qualités morales. L'expérience le prouve : dans de semblables conditions, toute réforme radicale est presque impossible ; et la plupart de ceux qui sortent des pénitenciers cachent leur perversité et leurs criminelles intentions sous le voile plus ou moins transparent de l'hypocrisie.

» La société n'a donc rien à gagner à élever à grands frais des prisons cellulaires pour les condamnés à de longues réclusions, et la loi devient homicide en ajoutant la peine de mort à celle de l'emprisonnement, s'il se prolonge au delà d'un certain nombre d'années.

» A cet égard il n'y a rien de fixe, on ne peut pas établir des règles invariables ; les hommes les plus robustes y périssent les premiers ; les agriculteurs y sont surtout promptement moissonnés. »

On voit que l'auteur, qui a examiné avec soin l'état des maisons de détention et les deux systèmes en présence, non-seulement a applaudi à l'emprisonnement en commun, mais réprouve comme inhumain et par conséquent comme non permis devant Dieu et comme coupable envers les hommes le système cellulaire, et il a produit les chiffres des statistiques officielles faites dans ces dernières années, qui ont donné les preuves mathématiques de ces assertions. Il établit ensuite le système le meilleur à suivre. Je remarque qu'il veut qu'on fasse travailler les détenus dans de vastes ateliers industriels, convenablement ventilés, servant aussi de réfectoires et de préaux couverts pour les temps où l'on ne peut pas les conduire aux préaux extérieurs, en réservant aux étages supérieurs les dortoirs, où pendant la nuit doit régner un profond silence.

L'auteur croit que des peines et des récompenses sont également nécessaires. Il veut que des encouragements soient accordés aux hommes qui se feront remarquer par leur activité, leur zèle pour le travail et la régularité de leur conduite. Mais il veut aussi des punitions qui, en réprimant les mauvaises actions, assurent le maintien de l'ordre et de la paix dans la prison. « Les rebelles, dit-il, pourront être retenus dans des cellules, soumis à un régime salubre, et dans des cas graves, des cas

exceptionnels, l'action d'une douche froide vien-
dra réprimer la violence dangereuse de ceux qui
seraient capables de commettre des crimes. »

Il regrette d'être obligé de conseiller ainsi un
châtiment corporel, mais il regarde d'abord cette
peine comme un moyen médical, et il a raison. La
douche est un remède dans un grand nombre de
maladies, et surtout dans celles qui proviennent
d'exaltation, d'inflammation et d'excitation ner-
veuses. C'est donc justement le remède à employer
quand des hommes sont livrés, quelle qu'en soit
la cause, à un désordre colérique porté jusqu'à la
fureur. La douche, qui ramène, dit-il, le calme
dans l'âme et qui est si efficace pour apaiser l'a-
gitation excessive des aliénés, peut donc être hu-
mainement employée à réprimer la violence des
hommes furieux.

Au surplus, il la considère aussi dans son caractère de châtiment en faisant remarquer que, non-
seulement c'est un supplice doux, supportable, très-
modéré, qui ne nuit pas essentiellement à la santé,
mais que c'est un moyen d'intimidation qui remplace
très-avantageusement les autres moyens employés
dans la plupart des maisons centrales, et qui sont,
dit-il, de véritables tortures. Il avoue que ces
tortures, tant de fois défendues, sont toujours en
usage dans nos prisons.

On voit que chaque jour on constate l'emploi
des tortures en France au dix-neuvième siècle; le
gouvernement est bien constamment averti, et ce-

pendant, sous quelque gouvernement que ce soit, les tortures sont maintenues.

Mais ensuite, l'auteur, soigneux de tout ce qui peut être utile à l'humanité, propose des améliorations considérables. Il désire qu'une colonie agricole et industrielle soit annexée à chaque établissement de détention, et il demande qu'une surveillance morale constate leurs véritables sentiments.

Il dit qu'aujourd'hui, dans les prisons pénitentiaires, les épreuves morales sont incertaines, sans résultat, parce que dans les cellules les instincts et la volonté sont violemment comprimés, et qu'alors l'hypocrisie est souvent prise pour le repentir par les hommes les plus expérimentés. Il veut encore que dans cette colonie des encouragements et des récompenses soient accordés à ceux qui, par leur incessante activité, par leur zèle à compléter leur tâche et par leur exactitude à remplir leurs devoirs, donneront des marques non équivoques d'amélioration et d'un heureux changement dans leurs habitudes. Il dit avec raison, que cette application constante au travail est le véritable critérium indiquant une réforme radicale. »

L'auteur peint parfaitement bien les effets du régime cellulaire. « L'emprisonnement cellulaire, dit-il, laisse les prisonniers dans l'indifférence et dans une funeste apathie par l'uniformité même et la longue durée du châtiment. Celui qui connaît la nature morale de l'homme sait qu'il faut, pour le diriger, le placer constamment entre deux pôles opposés : tantôt l'espoir et la crainte, tantôt le plaisir et la douleur. Les législateurs de l'antiquité, les fondateurs de cultes ont sagement posé ce principe en admettant un paradis pour les élus, et des lieux d'expiation passagère, enfin des châtiments plus ou moins cruels, mais non éternels, pour les criminels. Aussi ajoute-t-il, que le système des peines graduées, c'est-à-dire des peines décroissantes, est certainement à la fois le plus sûr, le plus moralisateur, et même le plus économique. »

Oui, sans doute; mais il est aussi des hommes endurcis dans le crime, ou du moins dans les passions qui les font commettre, et qui sont par conséquent toujours dangereux. Je crois qu'il faut les renvoyer parce qu'eux-mêmes ne veulent plus être de notre société, mais il ne faut pas se servir de la déportation libre, qui les laisserait tous revenir en peu d'années. Il faut que les déportés soient emprisonnés dans le lieu de leur exil, non en cellules, pas même entre des murs, sans air et sans travail, mais entre des barrières plus ou moins étendues, qui les empêchent de s'échapper.

Il faut imiter les Anglais dans leur belle colonie de Botany-Bay, si bien décrite par M. de Blosseville, et où les assassins ont donné par leurs soins d'humanité les preuves manifestes de leur conversion, et où les escrocs et les voleurs ont fait preuve d'une telle probité, qu'ils se sont enrichis dans leurs maisons de commerce par la confiance qu'on leur a témoignée, et que l'un d'eux a été élu, par l'unanimité des suffrages de tous les négociants, directeur de la Banque qu'ils ont établie dans la ville de Sidney.

L'auteur dit ensuite que dans une colonie de ce genre, on commencerait d'abord par y établir le régime militaire, dont la discipline est indispensable, pour obliger les nouveaux arrivants à des habitudes d'ordre, de calme et de sagesse. On leur donnerait les vallées les plus fertiles en occupant pour les surveiller les points stratégiques les plus importants. Non-seulement on leur ferait cultiver les terres, mais on leur choisirait, pour les faire travailler, des professions diverses. On leur ferait confectionner les vêtements. On leur ferait aussi défricher les terres, dessécher les marais, ouvrir des canaux, et il a très-bien fait le résumé :

« L'organisation méthodique du travail, la gradation des peines et des récompenses, et l'obligation à la régularité des bonnes habitudes, donneront infailliblement, dit-il, d'heureux résultats, si des hommes éclairés, dévoués aux intérêts de l'humanité, et d'une fermeté inébranlable, sont placés à la tête de ces établissements. »

Et nous, à vrai dire, nous sommes dans un étonnement constant de voir chaque gouvernement, et sous lui chaque ministre, se succéder sans que personne préserve le pays. Nous résumerons donc en quelques phrases les pensées que ce sujet a amenées dans notre esprit.

Pourquoi dix mille criminels incorrigibles sont-ils près de nous, menaçant la vie de nos concitoyens? N'est-il pas vrai que si les grands coupables, qui sont seuls vraiment dangereux, n'étaient plus dans nos prisons, nous pourrions traiter avec plus de douceur et d'humanité nos détenus qui ne seraient que des voleurs et des escrocs? Enfin, comment peut-on chercher longtemps et avec hésitation un lieu de déportation, comme s'il était difficile de construire une prison à quatre mille lieues de nous, pareille à celle de Melun ou de Fontevrault, et sur quelque terre que ce soit, au delà des mers?

Espérons que le pouvoir, qui a été cent mille fois mis en demeure d'agir, reconnaîtra qu'il est responsable de tous les crimes qui sont commis quand il n'a pas pris les moyens d'en prévenir un grand nombre, et remplira enfin ce que je regarde comme son premier devoir envers la société.

Enfin, je dois citer encore un fait à l'appui de mes convictions. On sait qu'il existe à Montpellier une prison cellulaire pour les prévenus et accusés, et qu'on fait souvent des instructions qui durent cinq ou six mois, et quelquefois presque un an. On s'est déjà plaint bien des fois que des prévenus, qui n'étaient condamnés qu'à quinze jours de prison, avaient passé huit ou dix mois en détention : on a vu des accusés acquittés par les cours d'assises après être restés un an détenus.

Mais aujourd'hui on ajoute à cette déplorable

marche de la justice un bien autre tourment, une torture corporelle qui ruine la santé pour toujours, et qui affecte souvent l'esprit et l'intelligence : on retient à Montpellier, ainsi qu'en quinze autres villes en France, les prévenus et les accusés dans des prisons cellulaires, dans l'isolement absolu ; et une preuve de l'effet que produit sur le détenu cet isolement s'est manifestée l'an dernier aux assises du département de l'Hérault.

Un accusé était traduit en jugement pour un crime dont toute l'instruction avait été faite avec soin, et rien n'était plus certain que sa culpabilité ; mais on ne s'attendait pas à une circonstance qui vînt arrêter sur-le-champ l'accusation. Le premier témoin qui parut, homme simple et de bonne foi, à qui l'on demanda s'il reconnaissait l'accusé pour celui qu'il avait vu passer devant lui quelques moments avant l'heure de l'assassinat, répondit : « Oh ! certainement non, ce n'est pas lui ; l'homme que j'ai vu était gros, fort, le visage plein, les cheveux épais et noirs ; celui-ci est maigre, hâve, figure longue, la tête chauve et grisonnante ; ce n'est certainement pas là celui que j'ai vu. » Les autres témoins dirent de même : pas un seul ne reconnut l'accusé, et les jurés furent obligés de l'acquitter. C'était pourtant bien lui que l'isolement cellulaire avait changé tellement en une année, qu'il était impossible de retrouver aucune de ses formes ni aucun de ses traits.

Maintenant, est-il possible de ne pas condamner un châtiment qui amène de tels résultats et qui a, dis-je, assez de force pour produire un changement physique aussi complet? Ce changement qui ne peut provenir que d'une crise horrible sur les nerfs, affecte la constitution générale des individus, et a été nécessairement accompagné de souffrances longues et vives dans tous les membres?

Tout ce qui est inhumain ne peut être utile; l'atteinte morale qu'il porte au caractère d'une nation et dans les mœurs des citoyens est plus fâcheuse que ne serait utile l'effet même qu'on en espère, s'il en pouvait résulter. Je dis plus : rien de ce qui est inhumain n'est permis ni à l'homme individuellement, ni à la société tout entière, parce que nous vivons devant Dieu avant de vivre devant les hommes, et que nous appartenons à Dieu avant d'appartenir à la société.

III

DUEL.

Y a-t-il une cour suprême de justice en France ?
ses arrêts ont-ils force de loi ? ses principes règlent-
ils l'exercice de l'administration judiciaire ? lors
même qu'après dissentiment avec les cours infé-
rieures, elle a souverainement prononcé, impose-
t-elle sa dernière et suprême décision ? Non, la législation ne le veut pas ainsi, ou le veut très-im-
parfaitement ; et, s'il n'y a pas soumission légale,
il y a encore moins soumission de fait.

On pourrait soulever à ce sujet les plus hautes
questions. On ne peut pas, dit-on, étouffer la voix
de la conscience dans le cœur du magistrat : on ne
peut donc jamais lui dicter un jugement.

Et cependant la loi a décidé contrairement à
cette opinion. Elle a voulu, non pas que la cour
suprême prononce un dernier arrêt qui fasse loi,
mais qu'après un second arrêt de cassation solen-
nellement rendu par elle, la cour d'appel soit obli-
gée de prononcer un arrêt tout à fait opposé à celui

qu'elle avait proclamé, et de le faire inscrire sur ses registres comme de son propre fait, quoiqu'il soit en opposition aux convictions de la conscience de ses magistrats.

C'est ce qui existe et se renouvelle sans cesse au sujet du duel. La cour de cassation persiste dans ce gros bon sens judiciaire qui a plus d'esprit que tous les discours des avocats, et qui veut qu'un meurtre soit un meurtre, non pas seulement à cause de la vérité du fait, mais aussi afin que les actes coupables soient traités tous également par la justice du pays.

Mais que font en ce moment les adversaires de cette jurisprudence? Ils réunissent contre elle toutes les forces des autorités, et il en résulte que la loi qu'ils ne peuvent détruire, ils l'énervent, ils la paralysent par les effets mêmes qu'elle produit.

La plus haute assemblée du pays, qui est souveraine dans la législation, ne change pas, ne modifie pas le Code pénal; elle ne fait pas une loi spéciale au sujet du duel; elle ne réprouve pas légalement ni expressément, et elle n'annule pas la jurisprudence de la cour de cassation; mais elle agit en sens contraire : non-seulement elle admet dans son sein, et cela, de tout temps, des hommes, et les plus éminents, tels, entre autres, que le maréchal Bugeaud, qui ont combattu en duel; mais elle les soustrait à la justice du pays ; et, par un singulier contraste qui n'a pas été assez remarqué, tandis qu'elle refuse de laisser poursuivre un meurtre, elle livre aux tribunaux un de ses membres qui a fait, par un seul mot dit à voix basse, la plus légère provocation, dont il n'est résulté aucun effet.

Aussi n'a-t il été appliqué, partout où l'on a condamné, que de très-faibles peines, et on a ainsi encouragé toutes les cours et tous les tribunaux inférieurs à rendre la loi vaine et la jurisprudence inefficace.

Ainsi, un duel a eu lieu, les deux combattants ont été tués : les quatre témoins ont été mis hors de cause. Un autre duel a été poursuivi : le provocateur a été condamné à trois mois de prison, le provoqué à trois jours, les témoins à 50 francs d'amende.

Il est impossible, je crois, d'approuver un tel désordre dans la législation. Si on veut permettre le duel, que la loi le dise ; si on veut le réprimer, qu'on applique des peines suffisantes.

En Angleterre, les lois contre les duels sont exécutées, et quelquefois très-sévèrement.

Un écrivain anglais, M. Gilchrist, a fait des recherches à ce sujet : il a constaté 172 duels et 344 combattants. Dans trois affaires, les deux adversaires se sont tués ; et, en général, ces duels ont été très-sérieux. Dans ces 172 affaires, 117 personnes ont été tuées et 48 blessées. C'est 1 sur 3 de tués, et 1 sur 2 de tués ou blessés.

Quant aux poursuites, il est vrai qu'en Angleterre, comme chez nous, la magistrature ne fait pas son devoir : sur 172 duels, on aurait dû poursuivre 172 fois ; et, au contraire, il n'y a eu que 18 procès criminels. Mais au moins on suit, en Angleterre, très-sévèrement les poursuites que l'on juge nécessaires. Dans ces 18 procès, qui atteignirent 36 combattants, 6 seulement furent acquittés ; 20 furent condamnés à diverses peines ; 10 d'entre eux furent déclarés coupables, 7 d'homicide, et 3 d'assassinat. Sur ces 10, 8 furent condamnés à un long emprisonnement et à la déportation ; 2 furent exécutés à mort.

Je ne crois donc pas qu'on puisse faire cesser le duel avec des peines aussi légères que celles que l'on prononce en France.

Voici la loi qui a été faite le 24 avril 1828 aux États-Unis d'Amérique, dans l'État de New-York.

ARTICLE PREMIER.

Si un homme s'est battu en duel et a tué son adversaire, ou s'il l'a blessé et qu'il soit mort dans l'an et le jour, que ce soit dans l'État ou dehors, qu'il soit habitant ou seulement résidant passagèrement, il sera arrêté.

Les témoins des deux côtés seront également arrêtés.

Tous seront prévenus du crime de meurtre, et poursuivis pour être jugés.

ARTICLE 2.

Tout homme qui provoquera en duel, ou qui acceptera une telle proposition, ou qui portera ou remettra sciemment un cartel, soit écrit ou verbal, sera considéré comme complice.

Tout homme qui assistera à un duel comme témoin ou comme ami, quand ce serait même pour empêcher le combat ou pour porter secours aux combattants, et le chirurgien lui-même, seront regardés aussi comme complices.

Tout homme qui aura donné conseil, ou une assistance quelconque pour aider le combat ou seulement pour en régler les formes, sera également reconnu complice.

Tous seront arrêtés et décrétés comme coupables de félonie et punis d'une détention de sept années dans la prison de l'état.

ARTICLE 3.

Les juges de toutes les cours de justice, les administrateurs de chaque cité, dès qu'ils auront entendu dire qu'un duel doit avoir lieu, devront sur-le-champ délivrer mandat d'amener devant eux tout individu qu'ils soupçonneront d'être disposé à violer les dispositions des articles précédents.

Ils l'interrogeront et ils tireront de lui, s'ils le jugent utile, une promesse de garder la paix, portant qu'il s'oblige à ne prendre part directe ni indirecte à aucun duel.

Ils pourront aussi lui imposer l'obligation de comparaître à la prochaine session de la Cour de justice criminelle pour répondre à toutes les charges qui pourront être portées contre lui.

ARTICLE 4.

Les procureurs des districts devront poursuivre tous les contrevenants aux dispositions ci-dessus, dans les formes prescrites pour la poursuite des crimes de félonie et de meurtre, suivant les lois ordinaires.

ARTICLE 5.

Lorsqu'un juge ou un administrateur aura le soupçon qu'un habitant ou un étranger aura été engagé, hors de l'état de New-York, dans un duel suivi de mort, il informera contre lui et le fera saisir et détenir, jusqu'à ce que l'avis de son arrestation ait été donné au pouvoir exécutif de l'état où le crime a été commis.

On voit que la loi de New-York consacre la même jurisprudence que la Cour de cassation, c'est-à-dire qu'elle prescrit la poursuite des meurtres commis en duel comme des autres meurtres et suivant les lois ordinaires applicables aux meurtres.

Je dois ajouter que dans les États-Unis un homme de bien, très-distingué, M. Livingston, a écrit contre le duel, et qu'il s'est appliqué non-seulement à reconnaître les causes de l'inefficacité des lois contre le duel, mais aussi à rechercher les moyens de les rendre efficaces.

« Partout, dit-il, où la loi n'accorde aucun dé-

dommagement capable de satisfaire ceux qui peuvent avoir été diffamés, et tant que l'honneur est
nécessaire au bonheur de l'homme en société, les
passions humaines s'efforceront de suppléer à l'insuffisance de la loi. Mais si nous parvenons à pro-
curer par la loi un remède proportionné aux in-
jures faites à la réputation, et à rendre surtout la
privation des places et des distinctions publiques la
conséquence de toutes les coopérations au duel, et
si par des peines sévères nous donnons à ceux qui
sont appelés à lui prêter aide et assistance un bon
prétexte pour refuser leur concours, nous aurons
fait beaucoup pour diminuer la fréquence de cet
usage et pour l'extirper avec le temps, en traçant
en même temps une sage direction à l'opinion. »

Voilà en effet la marche à suivre, et on indique
ici la seule peine qui puisse être efficace : *la
privation des places ;* et il faudrait même, en certains
cas graves, plus encore, c'est-à-dire la privation
des droits civils. On ne peut pas nier que la société qui est une association, a le droit de rejeter
de son sein, non par la mort, mais seulement par
l'abandon et par le retrait des avantages qu'elle
a primitivement concédés, un de ses membres.
Elle peut prononcer la rupture du contrat mutuel
qui le lie à elle et que lui-même a aussi le droit
et le pouvoir de rompre quand il lui plaît. Ainsi
l'exil, le bannissement, ou seulement le retrait,
dis-je, des droits civils sont des peines équitables
et appropriées au crime du duel, qui est un crime

social ; et dans un temps où tous les esprits sont livrés à l'ambition politique, ce sont les seules peines qui puissent être également répressives et préventives.

V

PEINE DE MORT.

Je crois qu'en commençant un article contre la
peine de mort, il convient de s'abriter sous un beau
nom et de rendre hommage à un beau caractère.

Pastoret s'est placé dans la même situation dans
laquelle je suis. Il a écrit contre les lois, il a dé-
siré leur réforme ; il a combattu les préjugés qui
s'y opposaient ; il a dit :

« Je voudrais pouvoir défendre l'humanité sans
accuser notre législation. Mais, qu'est la loi posi-
tive auprès des droits immuables de la justice et de
la nature ?

» Bénissons donc à jamais ceux qui, consacrant
leurs lumières à la défense de l'humanité, ont fait
sentir, avec cet empire que donnent la raison et
l'éloquence, combien nos lois criminelles devaient
être réformées.

» Je l'atteste avec serment : jamais il ne parut
devant moi un accusé d'un grand crime sans me
faire éprouver de douloureuses émotions. Elle vit

encore dans ma mémoire, celle que je ressentis la première fois où, chargé de rapporter un procès criminel, je remplis ce terrible ministère. La pâleur couvrait mon visage ; les pleurs roulaient dans mes yeux ; ma bouche ne laissait échapper que des paroles mal articulées. Un tremblement s'était emparé de moi, et une secrète horreur faisait frissonner tous mes sens. L'accusé cependant resta calme ; et, sans la différence de nos vêtements, à n'en juger que par son maintien tranquille et par le trouble qui m'agitait, on nous eût pris, lui pour le juge, moi pour le coupable : une sentence l'avait pourtant condamné à mort. »

Il a ajouté :

« Mais, avant d'écrire sur les lois pénales, il est indispensable de poser quelques axiomes dont je ne crois pas que personne ose nier l'évidence. »

Et voici les quatorze axiomes qu'il a établis :

1er. La condamnation des innocents est un plus grand mal que l'absolution des coupables.

2e. Jusqu'au moment de la condamnation, le coupable est réputé innocent.

3e. La preuve n'existe pas tant qu'elle n'est pas complète.

4e. La peine doit avoir pour base la gravité du délit.

5e. Il n'existe point de crime là où n'a pas existé la volonté de le commettre.

6e. Le mal fait à la société est la première mesure des crimes.

7ᵉ. Dans les supplices même, on ne doit avoir en vue que l'utilité publique.

8ᵉ. Les supplices sont faits moins pour punir les crimes que pour les prévenir.

9ᵉ. On ne doit jamais punir que celui qui a commis le crime.

10ᵉ. La peine ne doit jamais être telle que la faute de la société, si elle s'est trompée, soit IRRÉ-PARABLE.

11ᵉ. La peine est suffisante si elle empêche le coupable de le devenir de nouveau.

12ᵉ. La peine est injuste si elle est inutile.

13ᵉ. La peine est injuste si elle est trop sévère.

14ᵉ. L'impunité est la suite ordinaire de l'a-trocité des peines.

Ce que j'ai à dire aujourd'hui au sujet de la peine de mort rappellera souvent quelques-uns de ces principes.

Je veux d'abord constater en peu de mots les progrès de cette question.

On a, depuis quelques années, soutenu la demande de l'abolition de la peine capitale avec plus de force, et on a réuni un plus grand nombre de suffrages. On s'est élevé contre l'échafaud en exprimant toute l'horreur qu'il inspire. A Dresde, le conseil municipal a décidé l'an dernier qu'il présenterait au roi une adresse pour le prier de supprimer les exécutions publiques. Il a exprimé le vœu que le ministère veuille proposer un mode

nouveau pour les remplacer, en donnant toutes les
garanties légales pour la sécurité de la société.

Il n'a pas spécifié davantage ses intentions ; mais
il a prié le roi de reconnaître combien sont tristes
et sensibles les contradictions de la législation qui
prohibe la publicité des débats judiciaires, le seul
mode qui assure une juste et suffisante défense à
l'accusé, et qui ordonne la publicité des exécutions
capitales.

J'ai parlé plusieurs fois de l'abolition de la peine
de mort dans la Louisiane, où l'on s'en applaudit
encore chaque jour ; et, dans ces dernières années,
on l'a abolie dans la ville de Lucques : on peut dire
même que ce fut avec un assentiment unanime.
Personne n'a tremblé ; tout le monde, au contraire, s'en est réjoui. Le jour où l'on a proclamé
cette abolition, on a fait des feux de joie sur toutes
les places publiques, et le peuple a été chercher la
guillotine, et l'a brûlée avec tous ses bois et écha-
fauds aux acclamations générales.

Mais je dirai que ce qui s'est passé sous nos yeux
est encore plus manifeste : il faut le constater bien
exactement. Personne ne niera que la société a été
en aussi pleine et entière sécurité sous le gouvernement de Louis-Philippe que sous celui de la restauration. Les citoyens n'ont certainement pas
tremblé davantage pour leur vie sous ce règne-là
que sous ceux de Louis XVIII et de Charles X.

Au contraire, il y a eu un moins grand nombre
de crimes ; et cependant, la moyenne des exécu-

tions capitales, sous la restauration, a été de 114 ;
et la moyenne, sous Louis-Philippe, n'a été que de
45. L'année de la restauration où l'on a compté le
moins d'exécutions a été de 90 ; et, sous Louis-
Philippe, il y en a eu une où l'on n'en a compté
que 15 ; une autre, seulement 25 ; et même on a
vécu sans aucune crainte pendant seize mois, sans
qu'il y ait eu aucune exécution.

Voilà pourquoi la cause de l'abolition fait, de
temps en temps, des progrès dans certains inter-
valles de calme et de sécurité, pendant lesquels on
la présente de nouveau à l'opinion publique.

L'année dernière, on a traité cette question à
Berlin. Le roi ayant nommé une commission pour
reviser le Code pénal, elle s'est assemblée plusieurs
fois sous la présidence de M. le conseiller de justice
Bischoff. On a délibéré sur la conservation ou l'a-
bolition de la peine de mort dans tous les États du
royaume de Prusse : il y a eu 5 voix pour l'abolition
et 7 contre. C'est beaucoup certainement que,
parmi les conseillers du roi de Prusse, parmi les
magistrats les plus capables, les plus savants et les
plus réfléchis de l'Allemagne, il y ait eu 5 voix sur
12, presque la moitié, pour l'abolition de la peine
de mort.

Cette question n'est pas encore en majorité dans
le monde entier, je le reconnais ; mais elle marche,
elle se propage, et elle est assez près d'arriver ; et il
ne faut pas croire que son adoption produise une
crise. Il est certain, au contraire, que le jour où

elle sera prononcée, les polices de tous les États redoubleront d'activité, et que la répression sera plus prompte et plus générale. Elle sera donc plus efficace ; car le meilleur moyen d'empêcher les crimes, c'est d'arrêter et de punir les coupables le plus promptement.

La question fait aussi chez nous, en ce moment, un singulier progrès : elle s'avance dans des actes isolés. Il semble que, n'ayant pas pu réussir en théorie, elle veuille se traduire en pratique.

Il est vrai que la législation ne l'a pas prévue ; elle la surprend, pour ainsi dire, quand elle vient se mêler à la procédure, et il en résulte quelquefois un assez grand désordre dans la jurisprudence. C'est ce qui vient d'arriver à l'égard de l'institution du jury.

Il y a un assez grand nombre d'années qu'un des membres de la Société de la Morale Chrétienne, appelé comme juré à la cour d'assises du département du Nord, annonça qu'il ne voterait jamais la culpabilité d'un accusé qui pourrait, par suite de cette déclaration, être condamné à la peine de mort. La cour décida qu'une telle détermination le rendait incapable d'être juré, et le renvoya purement et simplement, en le rayant de la liste des jurés, sans blâme et sans amende.

Il y a quelques années que la cour d'assises du département de l'Ain eut le même fait à apprécier. Elle a décidé qu'il était permis à un juré de professer telle ou telle opinion théorique de droit pénal ; mais qu'appelé par la loi à remplir un devoir, un juré ne devait pas, par une déclaration préalable, infirmer d'avance le secret exigé de lui. En conséquence, le juré ayant déclaré persister, la cour l'a considéré comme défaillant et l'a condamné à 500 francs d'amende.

Aujourd'hui voici une autre cour qui vient d'agir différemment. La cour d'assises du Bas-Rhin venait de statuer sur les excuses des jurés absents, lorsque l'un des présents, M. Schertz, s'est avancé et a dit : « Monsieur le président, je crois devoir répéter ce que j'ai déjà dit, il y a douze ans, dans cette enceinte, c'est que ma conviction est que la société n'a pas le droit de condamner à mort un de ses membres, et que par conséquent je ne prendrai part à aucun verdict qui ferait prononcer la peine capitale. » La cour a cru devoir ne prendre aucune décision à ce sujet. Elle a pensé que chaque juré a le droit de voter suivant sa conscience sur toutes les questions qui lui sont soumises, et que le vote a lieu dans le secret des délibérations, qui est protégé par la loi elle-même. Elle n'a voulu faire aucune attention ni donner aucune suite à cette déclaration. M. Schertz a continué d'être juré et a voté comme il a voulu pendant toute la session.

Mais je regrette vivement d'être obligé de dire à mon pays qu'il est encore à cet égard grandement en arrière des autres. Il est un principe gravé dans toutes les lois anglaises et constamment mis en pratique dans toutes les questions sous les rapports de la religion et de la morale, autant que sous ceux de la politique et des libertés publiques : c'est de ne jamais demander un acte contraire à la conscience.

Aux États-Unis, on a formulé expressément l'application de ce principe à la déclaration du jury. La loi prescrit à l'attorney général de demander à chacun des jurés s'il n'éprouve aucun scrupule de prendre part à un verdict dans une cause capitale, et ceux qui déclarent en éprouver sont récusés par lui sur-le-champ.

Je sais bien ce que l'on peut dire des conséquences de cette déclaration ; il en résulte qu'il ne reste pour jurés en cause que ceux qui condamneront volontiers à la peine de mort. Mais on n'en a pas signalé de mauvais effets ; on ne s'est pas récrié contre une sévérité excessive dans les déclarations des jurés. Il est évident même que les votes sont plus sincères, et la conscience n'est jamais blessée ni gênée dans son jugement.

En outre, l'opinion publique condamne presque généralement partout la peine de mort ; ceux même qui veulent la conserver la considèrent comme une nécessité malheureuse.

Mais pour dernier document sur le sujet même dont je parle ici, je trouve dans les journaux américains un fait remarquable. On raconte qu'un juge a dit à très-haute voix, aux assises d'Utica :

« Les jurés ne doivent jamais se laisser émouvoir
par les conséquences de leurs déclarations; » et
que sur-le-champ l'accusé s'est écrié : « Jurés,
vous répondez devant Dieu des conséquences de
votre déclaration. Choisissez. »

On ajoute que cette exclamation d'un homme
poursuivi pour une accusation capitale a été bien
généralement approuvée, et cette anecdote a été
partout racontée à l'appui de la nécessité de l'abolition de la peine de mort.

Mais puisque je parle ici des jurés, il me semble
à propos de signaler une autre question de procédure bien grave.

Un arrêt de la cour de cassation du 18 septem-
bre 1851 a reconnu et proclamé la nécessité de
consulter le jury par des questions séparées sur
les circonstances aggravantes, et entre autres sur
l'âge de onze ans d'une jeune fille dans une accusation d'attentat à la pudeur.

Telle est, en effet, la loi; on pose la question, on
la présente au jury; mais il en résulte ensuite que
sa déclaration est acceptée par l'autorité judiciaire
comme vraie et inattaquable, en un mot comme
infaillible.

Il a été déclaré dernièrement par le jury qu'une
jeune fille n'avait pas onze ans en 1851, et elle
était née en 1838. Une autre a été déclarée n'a-
voir pas quinze ans en 1848, quoiqu'elle fût née
en 1831.

Ainsi des circonstances aggravantes ont été proclamées, la cour d'assises a appliqué la peine prescrite en ce cas, et on a produit vainement les actes de naissance devant la cour de cassation.

La cour *suprême* s'est arrêtée ; elle a reculée devant l'omnipotence du jury.

Voilà où nous en sommes en législation.

Nous invitons les jeunes jurisconsultes amis de la vérité à examiner. Ils reconnaîtront combien ils seront honorés s'ils réforment un mensonge légal aussi grave dans ses conséquences.

Un homme qui devait être condamné à deux ans de prison a été condamné aux travaux forcés à perpétuité, parce que le jury a dit qu'une jeune fille n'avait pas quinze ans lorsqu'elle était dans sa dix-septième année, et la cour dite *suprême*, répétons-le, a proclamé une autre suprématie en se démettant de la sienne devant celle du jury. Elle a repoussé l'acte de naissance et a proclamé, dis-je, que lors même que la fausseté de la déclaration du jury est constatée, foi entière lui est due.

Enfin, pendant que je suis occupé de la peine de mort, je peux citer quelques faits applicables aux suicides. Il y en avait, disait-on, un assez grand nombre dans l'armée au commencement de cette année, lorsqu'on a lu un ordre du jour adressé par le général Magnan aux militaires de la 4ᵉ division.

Le voici :

« Le général commandant la division a vu avec douleur que, depuis quelque temps, plusieurs suicides s'étaient produits dans les troupes de la division.

» Le général rappelle aux soldats qu'il a l'honneur de commander que leur vie ne leur appartient pas, qu'elle appartient à la patrie, et qu'ils n'ont pas le droit d'en disposer eux-mêmes.

» C'est sur le champ de bataille, en face de l'ennemi, au milieu des dangers et des fatigues, en combattant pour l'honneur de son drapeau, que le soldat doit attendre une mort glorieuse.

» Là seulement est le vrai courage dans toute sa noblesse. Dans le suicide d'un soldat, il n'y a que honte et faiblesse.

» Le général espère que les soldats de sa division écouteront sa voix amie et qu'ils auront tous assez de cœur pour ne plus donner jamais un si déplorable exemple de faiblesse et de découragement.

» Au quartier général, à Strasbourg, le 13 mars 1851.

» Le général MAGNAN. »

A cet ordre du jour, nous pouvons en rappeler un autre également recommandable qu'on a dit avoir été rédigé tout à coup, et écrit de sa main, par l'empereur Napoléon :

Saint-Cloud, 22 floréal an x.

« Le grenadier Groblin s'est suicidé pour cause d'amour. C'était d'ailleurs un bon sujet. C'est le second événement de ce genre qui arrive au corps depuis un mois. Le premier consul ordonne qu'il soit mis à l'ordre du jour de la garde, qu'un soldat doit savoir vaincre la douleur et la mélancolie des passions, qu'il y a autant de vrai courage à souffrir avec constance les peines de l'âme qu'à rester fixe sous les mitrailles d'une batterie. S'abandonner au chagrin sans résister, se tuer pour s'y soustraire, c'est déserter le champ de bataille avant d'avoir vaincu.

» BONAPARTE. Contre-signé BESSIÈRE. »

VI

CORRESPONDANCE.

Rouen. Nous regrettons de n'avoir pas annoncé plus tôt la publication de l'éloge du docteur Blanche, prononcé à l'Académie de Rouen par le docteur Vingtrinier. Déjà nous avons lu quelques autres notices publiées par le même écrivain sur plusieurs de ses confrères, et le docteur Blanche était digne de la même distinction. Je ne ferai qu'une citation, celle d'un grand bienfait qu'on a dû à cet homme de bien : « Embarrassé par le grand nombre des aliénés qui étaient accumulés dans les hospices de Rouen, l'administration avait fait construire un quartier des fous dans une partie de la maison de détention, lorsque l'ancien noviciat des Jésuites fut métamorphosé en prison et décoré du nom de Bicêtre, à l'imitation du Bicêtre de Paris. Cinquante loges furent en ce temps construites, selon l'usage alors admis de les faire petites, avec lit scellé et une chaîne en fer au pied du lit; c'est-à-dire qu'à Bicètre et dans tous les hospices, les aliénés, considérés comme des bêtes fauves, toujours dangereux, toujours incurables, étaient positivement abandonnés à eux-mêmes.

» Le docteur Blanche avait entendu à Paris les leçons du célèbre Pinel. Il avait étudié en même temps qu'Esquirol, avec lequel il était lié d'amitié; il savait quel changement Pinel avait opéré ou plutôt quelle création il avait faite dans le traitement des folies, et plein du désir d'imiter ce grand maître, il exposa à l'administration de la prison son plan de réforme, ses espérances et ses moyens de traitement appropriés à la localité.

» Bientôt le médecin de la maison de détention reçut la preuve de la confiance de cette paternelle administration, et l'on appropria le quartier au nouveau projet; il obtint même l'autorisation de faire admettre des aliénés pensionnaires dans ce nouveau quartier des fous de la prison. C'était peu convenable peut-être, mais c'était utile. En effet, un certain nombre de familles se trouvèrent fort heureuses de rencontrer une ressource à leur portée et si propre à atténuer leur chagrin. *Des guérisons remarquables et nombreuses* fixèrent l'attention publique sur cette innovation; et elle eut un résultat d'autant plus heureux, qu'elle donna l'idée au préfet de ce temps-là, M. Malouet, de créer à Rouen un asile spécial pour les aliénés. »

C'est ainsi que le docteur Blanche a rendu un éminent service à l'humanité ; le docteur Vingtrinier était adjoint au docteur Blanche dans le service médical des prisons de Rouen. Il est doux de voir l'harmonie et l'amitié régner entre les hommes utiles, et le digne éloge qui vient d'être publié est un titre d'estime pour l'un et pour l'autre.

Bordeaux. Lettre de M. le procureur près le tribunal de Périgueux, intitulée : *Avis aux journalistes*.

« Les journaux de Périgueux ont plus d'une fois publié des demandes d'explications faites dans des termes qui contenaient un véritable appel à un combat singulier. Des duels ont été le résultat de ces publications, et l'un d'eux s'est terminé d'une manière fatale.

» Le duel étant considéré comme crime ou délit par la jurisprudence, la provocation en duel par la voie de la presse paraît devoir constituer le délit de provocation à commettre des crimes ou des délits, prévu par les articles 2 et 3 de la loi du 17 mai 1819.

» Le procureur de la République prévient MM. les rédacteurs et gérants des journaux de Périgueux que, d'après les instructions de M. le procureur général près la Cour de Bordeaux, il fera immédiatement saisir les numéros de leurs feuilles qui contiendraient de telles provocations. Il aime à penser que cet avertissement sera accueilli avec satisfaction par MM. les rédacteurs et gérants, qui ne sauraient y voir qu'une mesure favorable à la dignité de la presse.

» A Périgueux, au parquet, le 10 mars 1851.

» Signé H. de Tholozé. »

Voilà un bon exemple donné à la magistrature.

Mer (*Loir-et-Cher*). M. Hème, ancien négociant à Mer, est décédé le 24 avril 1851. Il a légué en don à cette ville : 1º Une maison de campagne nommée Aulnay, avec toutes ses dépendances, à la condition d'y établir un hospice qui portera son nom. 2º Une rente perpétuelle de 20,000 fr. en faveur de cet hospice. 3º Une autre rente de 1,500 fr. pour aider la commune de Mer dans ses dépenses. 4º Une autre rente également de 1,500 fr. pour aider dans ses dépenses la commune de Courbouzon. Ces rentes sont hypothéquées sur toutes ses propriétés, qui sont considérables.

M. Hème a fait sa fortune lui-même. Il l'a lentement amassée par un travail assidu dans son commerce et par une économie constante dans sa maison. Tel a été pour lui-même le résultat de la bonne conduite qu'il a tenue pendant sa vie, d'avoir la satisfaction de se dire en mourant qu'il assurait des secours à vingt générations de pauvres et de malheureux, et que sa mémoire serait pendant des siècles honorée et bénie.

Le Président, LA ROCHEFOUCAULD-LIANCOURT.

Paris. — Imprimerie de Mme Ve Dondey-Dupré, rue Saint-Louis, 46, au Marais.